AF463163

NOTICE BIOGRAPHIQUE

SUR

MARIE-ANNE PETIBON

EN RELIGION

MÈRE SAINT-ANDRÉ

SUPÉRIEURE GÉNÉRALE

PENDANT QUARANTE-HUIT ANS

DE LA

CONGRÉGATION DES FILLES

DE SAINTE-MARIE DE LA PRÉSENTATION

de Broons

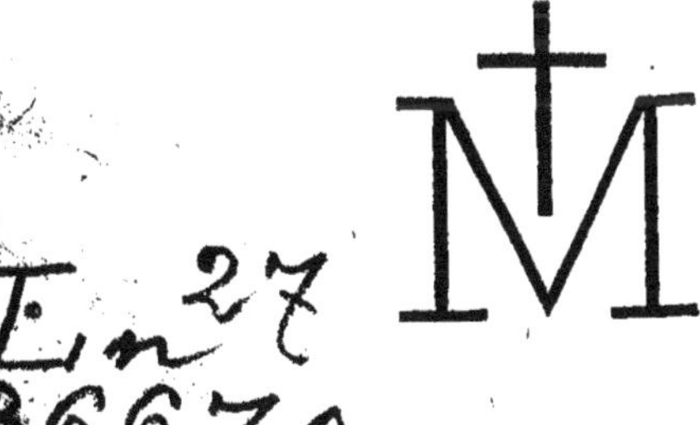

SAINT-BRIEUC

IMPRIMERIE-LIBRAIRIE-LITHOGRAPHIE L. PRUD'HOMME

1886

NOTICE BIOGRAPHIQUE

SUR

MARIE-ANNE PETIBON

EN RELIGION

MÈRE SAINT-ANDRÉ

A certaines époques, nous voyons apparaître dans le monde des âmes privilégiées auxquelles Dieu, dans sa bonté miséricordieuse, a confié sur la terre une mission toute spéciale. Lorsque le Ciel les appelle à jouir de la récompense qu'elles ont méritée, il est bon de fixer et de conserver d'une manière durable le souvenir de leurs vertus : c'est un acte de reconnaissance en même temps qu'une consolation précieuse pour les générations au milieu desquelles elles ont passé en faisant le bien ; c'est un noble exemple et une leçon salutaire qu'on propose à l'étude et au respect des générations futures.

Cet exemple et cette leçon, nous les trouvons dans la longue et sainte existence de Marie-Anne Petibon, en religion Mère Saint-André, Supérieure générale de la Congrégation des Filles de Sainte-Marie de la Présentation de Broons, décédée dans la paix du Seigneur, à la Maison principale, le lundi 26 juillet 1886, après soixante-seize années d'âge, quarante-neuf de profession religieuse et quarante-huit de supériorité générale.

Née à Broons le 26 juillet 1810, Marie-Anne Petibon appartenait à l'une de ces familles patriarcales, honneur du pays qu'elles habitent, et dont la foi vive et pure ne fût point ternie par le souffle orageux des mauvaises doctrines. Son père exerça longtemps dans la petite ville de Broons, avec un tact et une intégrité dont le souvenir est encore vivant, les délicates fonctions de juge de paix. Sa mère, chrétienne fervente et femme distinguée, ne voulut confier à personne le soin de la première éducation de ses quatre filles : elle s'en occupa elle-même avec la conscience de remplir un devoir sacré, et Dieu bénit les efforts de sa tendresse en ornant des qualités les plus précieuses l'âme de ses enfants dont elle pouvait dire, avec plus de raison que la romaine Cornélie : « Voilà ma parure, voilà mes bijoux. »

Ce fut donc sur les genoux de sa mère que Marie-Anne Petibon apprit à élever vers Dieu son esprit et son cœur ; ce fut à l'école de sa mère que son intelligence reçut les premiers éléments d'une instruction solide ; ce fut sa mère qui déposa dans son âme les germes de cette piété éclairée qui devait plus tard porter de si beaux fruits. Oh ! si toutes les mères de famille comprenaient ainsi l'importance de cette première éducation qui se fait au foyer domestique, combien de douleurs elles s'épargneraient sur la terre, et quels trésors de mérites elles amasseraient pour le Ciel !

A l'âge de quinze ans, Marie-Anne Petibon fut envoyée par ses parents, afin de compléter ses études, à l'Institution Delaunay, dans la ville de Rennes. Elle y remplaçait sa sœur aînée, Angélique Petibon, dont ses maîtresses avaient gardé le plus tendre souvenir. A cette époque où la société ébranlée essayait de se rasseoir sur ses bases naturelles, de nombreuses maisons d'enseignement surgissaient dans les grands centres et s'adressaient surtout aux classes élevées de la société. Deux sœurs, les demoiselles Delaunay, avaient fondé à Rennes un pensionnat de jeunes filles où l'instruction et l'éducation, solidement chrétiennes, étaient poussées à un degré supérieur.

Les exercices de piété qui forment l'âme de l'enfant, les études qui développent son intelligence, le soin des pauvres qui dilate son cœur : tel était le programme suivi par les pieuses institutrices ; elles n'épargnaient ni le dévouement ni les sacrifices pour le remplir de manière à justifier la confiance des familles. Tel est, du reste, le programme encore suivi par toutes les maisons religieuses d'éducation, et c'est le seul qui soit en conformité parfaite avec la nature humaine, car c'est le seul qui donne satisfaction à tous ses besoins en développant harmonieusement toutes ses facultés. Marie-Anne Petibon passa deux années au pensionnat des demoiselles Delaunay.

Dans ce milieu privilégié, les aptitudes naturelles de la jeune pensionnaire furent cultivées avec un soin tout spécial. Son âme s'ouvrait d'elle-même aux effluves de la grâce divine, et sa piété fervente, solide, éclairée, la fit aussitôt distinguer parmi ses compagnes. Son esprit, vif et profond tout à la fois, fut bientôt orné de connaissances sérieuses et variées. Mais ce qu'on remarquait surtout dans sa riche nature, c'était cette bonté séduisante, cette délicatesse exquise qui lui gagnait tous les cœurs. Pour elle, la plus douce récompense était la liberté de faire du bien. Les relations de famille qui l'avaient attirée à Rennes l'y retenaient pendant une partie des vacances et lui procuraient l'avantage de jouir plus agréablement des jours de liberté, en lui faisant retrouver au sein de la grande cité bretonne les tendresses qu'elle avait laissées dans sa petite ville de Broons. Pendant ces jours que trop souvent la jeunesse consacre à des amusements frivoles, sinon dangereux, le grand bonheur de Marie-Anne était de donner un libre essor à la générosité de son cœur et de chercher des aliments à son ardente piété.

Par une touchante disposition de la divine Providence, elle se lia d'une sainte amitié avec une de ses compatriotes, religieuse de Saint-Thomas de Villeneuve, qui lui facilita l'accès des hôpitaux et la mit en rapport avec les Sœurs qui en avaient la direction. Ces filles dévouées l'initièrent peu à peu à ces mille petits détails dont la connaissance est nécessaire à qui veut s'occuper avec succès du soin des malades. Elle dut aussi beaucoup, sous ce rapport, aux leçons que lui donnèrent les Filles de Saint-Vincent de Paul, ces admirables Sœurs qu'on rencontre partout où il y a une souffrance à guérir, une douleur à soulager. Ainsi instruite à l'école du dévouement, elle se plaisait à accompagner les religieuses dans leurs visites charitables, afin de compatir avec elles aux souffrances des malheureux et de leur prodiguer les secours et les consolations.

Et comme si cela ne suffisait pas encore aux aspirations de son âme, on la voyait souvent frapper à la porte des communautés du Sacré-Cœur et de l'Adoration, et demander à de pieux entretiens les secrets de la vie contemplative, sommet de la perfection chrétienne. C'est ainsi qu'elle faisait son apprentissage et que le bon Dieu la préparait pour l'avenir.

Lorsqu'elle rentra au foyer paternel après avoir achevé son éducation et dit adieu à ses maîtresses dévouées, Marie-Anne Petibon avait dix-sept ans. Une existence inactive ne pouvait convenir à sa nature ardente pour le bien ; elle fut heureuse de trouver en arrivant l'occasion d'exercer les talents qu'elle venait d'acquérir et de pratiquer les vertus qu'elle avait appris à aimer. Le vénérable M. Fleury, curé de Broons, s'occupait alors d'élargir les bases d'une congrégation nouvelle dont le double but était d'instruire les enfants et de soigner à domicile les pauvres et les malades. Quelle précieuse auxiliaire le ciel lui envoyait ! Et comme le bon curé remercia la divine Providence quand il vit avec quelle ardeur la jeune élève de Rennes secondait son zèle et ses efforts ! L'œuvre des enfants pauvres et l'œuvre des malades trouvaient une ressource précieuse et assurée dans cette jeune fille riche, pieuse, intelligente et charitable jusqu'à se priver elle-même afin de soulager les indigents. Quel trésor pour la communauté naissante si Dieu lui inspirait la pensée d'y entrer !

⁂

Elle y entra en effet, mais ce ne fut pas sans combats, et elle eut à soutenir de rudes assauts. La tendresse maternelle s'épouvantait à la pensée de ce sacrifice volontaire et absolu auquel le monde n'était plus habitué. L'autorité de son père se dressa devant elle, lorsqu'elle lui demanda humblement la permission de se consacrer à Dieu dans la Congrégation dirigée par M. Fleury. Sans doute ils ne voulaient pas refuser d'une manière définitive leur fille à l'Epoux céleste qu'elle s'était choisi, mais ils craignaient pour elle les illusions de l'inexpérience et les entraînements de la jeunesse. Plusieurs fois même, afin d'éprouver la solidité de sa vocation, ils lui proposèrent de la conduire dans une autre communauté, qu'elle choisirait elle-même, mais dont le passé déjà ancien et bien connu serait un garant de stabilité pour l'avenir. A toutes les objections, à toutes les instances, Marie-Anne répondait que c'était à Broons, au milieu de ses compatriotes, que Dieu la voulait religieuse, et qu'elle attendrait patiemment, sûre que son père et sa mère finiraient par se conformer à la volonté divine. Pendant huit années consécutives, la jeune aspirante au noviciat dut subir une série d'épreuves bien douloureuses pour son affection filiale.

Mais que ne peut l'énergie de la volonté quand elle est soutenue par la grâce d'En-Haut? Insensible aux séductions du monde qui cherchait en vain à captiver son cœur, et de plus en plus pénétrée de la certitude de sa vocation, Marie-Anne Petibon ne demanda de consolations qu'à la prière et aux œuvres de charité : elle pria beaucoup et fit beaucoup prier ; elle multiplia ses aumônes et ses soins affectueux aux pauvres et aux malades. Et afin d'intéresser Dieu lui-même à ses desseins, elle renonça volontairement aux joies de la famille en faisant, avec l'autorisation de son directeur, le vœu privé de chasteté. Que sa sainte âme nous pardonne de révéler ce détail dont elle ne parlait que dans des confidences intimes : son humilité n'en souffrira pas, car la gloire en revient à Dieu qui lui en inspira la pensée.

Cette persévérance devait finir par triompher de tous les obstacles. Son père, homme énergique et chrétien convaincu, ne prolongea pas sa résistance au-delà de l'âge légal qu'il avait lui-même désigné comme terme de l'épreuve. Sa mère, femme d'une foi vive, comprit que de plus longues hésitations seraient une révolte contre les intentions de la Providence. Tous deux, s'élevant au-dessus des considérations terrestres, persuadés que leur sacrifice recevrait une récompense d'autant plus grande qu'il leur coûtait davantage, et aimant leur fille d'une affection désormais surnaturelle, permirent à Marie-Anne d'obéir à l'appel de Dieu, et la conduisirent à l'entrée de l'humble noviciat qui devait la préparer à la vie religieuse. C'était en 1835, et la jeune postulante avait alors vingt-cinq ans. En réalité, son noviciat était commencé depuis longtemps.

Deux ans plus tard, en 1837, ses parents renouvelèrent leur sacrifice en assistant à sa profession solennelle de religion. A partir de ce moment, Marie-Anne Petibon disparaît pour faire place à Mère Saint-André.

Jusqu'alors ses vertus et ses talents avaient brillé dans toutes les positions qu'elle avait successivement occupées. Elève à Rennes, elle était le modèle de ses compagnes ; jeune fille à la maison paternelle, elle faisait le bonheur de sa famille et l'édification de la paroisse ; postulante et novice à la Communauté, elle répandait autour d'elle le parfum des vertus dont son âme était ornée. Mais une fois qu'elle eut prononcé ses vœux de religion, une fois qu'elle se fut donnée complètement à Dieu et qu'elle sentit sa chère vocation assurée contre les incertitudes et les contradictions, tout ce que l'on admirait en elle reçut pour ainsi dire, avec une nouvelle consécration, un accroissement extraordinaire. Chaque jour on lui découvrait des qualités qu'on ne lui connaissait pas encore, des aptitudes jusque-là restées dans l'ombre.

Aussi, dès qu'elle fut professe, le vénérable fondateur, M. Fleury, la nommant maîtresse des novices, lui confia la mission de former à la vie religieuse les jeunes filles que la main de Dieu dirigerait vers l'humble maison de Broons. Bientôt, malgré sa grande humilité qui cherchait toujours la dernière place, elle s'imposa par son mérite, ou plutôt l'évidence de son mérite l'imposa au choix du fondateur et des Religieuses, ses Sœurs bien aimées, comme la plus digne et la plus capable de diriger la Communauté vers le double but qu'elle se proposait d'atteindre. Un an après sa profession, en 1838, la Révérende Mère Saint-André fut élue supérieure générale de la Congrégation des Filles de Sainte-Marie. Cette marque d'estime et de confiance lui a été continuée, sans aucune interruption, jusqu'à sa mort. Neuf élections successives ont ratifié le choix fait par M. Fleury.

Pour bien comprendre la part qui revient à la Mère Saint-André dans l'extension rapide et l'accroissement continuel de sa chère Congrégation, il est nécessaire de jeter un coup d'œil sur ses humbles commencements.

Vers la fin de l'année 1826, quelques âmes prédestinées s'unirent dans une pensée commune de dévouement et de charité. L'instruction était alors le partage d'un très petit nombre de privilégiés, et le soin des malades était laissé à la sollicitude des parents et des amis, qui n'avaient, la plupart du temps, ni le loisir, ni l'expérience nécessaires pour s'acquitter avec succès de cette tâche délicate. Touchées de cette situation, plusieurs personnes pieuses se réunirent à Broons, et, sous la direction de M. Fleury, curé de la paroisse et vicaire général forain, elles se consacrèrent, en faisant profession religieuse, à l'instruction des enfants et à la visite des malades. Celle qui la première répondit à l'appel de la grâce se nommait Louise Le Marchand, en religion Mère Saint-Louis-de-Gonzague. Elle appartenait à une honnête famille d'artisans, peu favorisés des biens de la terre, mais riches de foi, d'honneur et de dévouement. N'est-ce pas la plus belle et la plus solide de toutes les richesses ?

Aidée de sa sœur Laurence, Louise Le Marchand ouvre une école, organise le service des malades et fonde un bureau de charité. Les épreuves ne pouvaient manquer de venir consolider, en l'attaquant, l'œuvre naissante : il fallut essuyer les sarcasmes des esprits forts, subir la contradiction, connaître les angoisses de la pauvreté. Ainsi commencent toutes les œuvres destinées à prospérer un jour. Le monde n'a jamais eu que des ricanements et des insultes pour ces dévouements obscurs dont il ne comprend pas l'héroïsme. Heureuses les âmes qui placent plus haut que le monde leurs désirs et leurs espérances !

Lorsque Marie-Anne Petibon vint offrir son concours à Louise et à Laurence Le

Marchand, la Congrégation comptait en tout douze personnes. C'était peu, si l'on ne considère que le nombre ; c'était beaucoup, si l'on examine le bien produit par cette pieuse association. Mais le recrutement s'opérait d'une manière lente, et la raison en était que l'œuvre, renfermée dans les limites d'une paroisse, n'était guère connue, ni surtout appréciée, au-delà de Broons. Une circonstance providentielle allait la faire sortir de son obscurité.

En 1837, la paroisse de Plestan reçut le bienfait d'une fondation destinée à assurer l'instruction des enfants et le soin des malades. Au grand étonnement du vénérable M. Fleury, qui n'avait jamais eu l'ambition d'étendre si loin ses entreprises, l'administration diocésaine chargea de remplir le but de cette fondation la Congrégation dont il était le directeur. Toutes les espérances étaient dépassées, et ce fut dans ces conditions nouvelles que fut élue comme Supérieure générale la jeune professe dont les qualités éminentes promettaient à la Communauté de Broons des succès toujours grandissants.

* * *

Depuis deux ans, l'association des Filles de Sainte-Marie jouissait d'une existence réelle et reconnue par l'autorité épiscopale. Une ordonnance en date du 15 novembre 1836 lui avait concédé l'usage d'une chapelle distincte de l'église paroissiale, et la faculté d'y donner des exercices religieux aux personnes du dehors. Restait à lui assurer une existence légale qui la mît à l'abri des vicissitudes de la politique : ce fut un des premiers soins de la jeune Supérieure, et la Congrégation nouvelle dont elle était devenue la mère fut légalement reconnue par Ordonnance royale du 30 mars 1839, enregistrée le 3 avril suivant.

Mais l'existence matérielle et légale ne suffit pas à une communauté religieuse. Une constitution sage et prudente est nécessaire pour assurer sa vie spirituelle, pour poser les bases de l'avenir et lui faciliter ainsi les moyens de produire plus efficacement le bien des âmes. Rédiger une règle commune à laquelle doivent volontairement se soumettre des milliers de personnes dont l'instruction, la situation sociale, les tempéraments et les goûts sont tout à fait différents, pour ne pas dire contraires, exige une profonde connaissance du cœur humain et suppose l'intelligence parfaite des besoins d'une époque. Ce travail n'est pas l'ouvrage d'un jour : aussi la Mère Saint-André y mit-elle plusieurs années.

Dans son désir d'arriver le plus près possible de la perfection, elle s'adressa simultanément à toutes les Congrégations que leur but rapprochait de la sienne. Elle s'entoura de conseils ; elle multiplia les démarches et les voyages ; elle alla s'enfermer pendant des jours et des semaines au sein des autres Communautés, partageant leurs exercices, étudiant leurs constitutions, qu'elle examinait et méditait chapitre par chapitre, ligne par ligne. Puis, prenant dans chaque règle ce qui lui semblait le mieux convenir à son petit noyau de religieuses, elle en constitua un corps d'articles qu'elle soumit à l'examen de l'autorité épiscopale. Le 20 juillet 1845, Monseigneur Le Mée approuva les statuts rédigés par la Révérende Mère et les déclara obligatoires pour la Congrégation des Filles de Sainte-Marie. Rien désormais n'arrêtait plus l'essor de la jeune communauté.

Tout en travaillant à la rédaction d'une règle définitive, la nouvelle Supérieure ne néglige pas la direction intérieure de la maison. Avec une activité, un entrain qu'elle sait communiquer à tout son entourage, elle organise au-dedans les différents emplois, elle donne aux œuvres une impulsion puissante et se prodigue partout avec un zèle qui n'aura jamais d'autre limite qu'une humble soumission aux directeurs nommés par l'autorité diocésaine.

Plestan fit connaître à l'extérieur les Filles de Sainte-Marie ; mais quiconque visitait l'établissement de Broons était frappé de l'ordre, de la concorde et du bon esprit qui mettaient à l'unisson tous les cœurs et toutes les volontés. Cette union était bien faite pour attirer des recrues : aussi bientôt les demandes affluèrent, et de toutes les paroisses environnantes de pieuses jeunes filles, éprises de cette vie de dévouement et d'abnégation, vinrent frapper à la porte du noviciat.

Il devint alors possible de multiplier les fondations et de répandre au loin l'influence de la Communauté. En 1844, les Filles de Sainte-Marie s'établissent à Corseul ; en 1847, elles sont appelées à Caulnes et à Plénée-Jugon. Dès l'année 1851, elles fondent des maisons dans le diocèse de Rennes, puis dans celui de Vannes. En 1858, elles envoient des Sœurs au diocèse de Bourges ; plus tard, à celui de Beauvais.

Chaque année des essaims de religieuses partent de la maison de Broons et s'en vont dans les provinces voisines et jusqu'au centre de la France, afin de porter aux enfants du peuple l'instruction chrétienne qui seule peut leur procurer la paix sur la terre et le bonheur au Ciel. Chaque année cependant elles reviennent au berceau de leur vie religieuse, à cette chapelle où elles ont prononcé leurs vœux, car il faut qu'elles se retrempent et s'affermissent de plus en plus dans les résolutions prises au jour de leur profession solennelle. Et jusqu'ici chaque année, en échange des confidences qu'elles versaient dans le cœur de leur mère bien-aimée, elles recevaient des encouragements, des conseils ou des consolations, précieux trésors qu'elles emportaient ensuite dans leurs résidences, et dont elles appréciaient la valeur pendant les travaux de l'année suivante. Mais, à l'heure où nous écrivons ces lignes, quatre cent cinquante religieuses pleurent leur mère si bonne, si aimante, si dévouée, et soixante-quatre maisons sont en deuil.

Parmi les nombreuses fondations faites par la Mère Saint-André, il en était une qui possédait une place toute spéciale dans ses affections. Lorsque le Révérend Père Samson Garnier, de vénérée mémoire, conçut le projet de fonder un établissement pour l'instruction des sourds-muets, ce fut à la Communauté de Broons qu'il s'adressa tout d'abord. Ce projet répondait trop bien à l'ardente charité de la Révérende Mère pour ne pas aller droit à son cœur. Elle en fit son œuvre personnelle et voulut y contribuer pour une large part. Dieu sait, les hommes ne sauront jamais ce qu'elle dépensa de zèle et de dévouement, ce qu'elle endura de souffrances, ce qu'elle accepta de sacrifices, dans sa coopération intelligente et active à l'œuvre si vraiment sacerdotale du Père Garnier. C'est que, lorsqu'il s'agissait de procurer la gloire de Dieu et le bien des âmes, toute autre considération disparaissait devant la pensée de servir les intérêts du Ciel.

On peut même dire que ce fut là le caractère fondamental de sa féconde administration. Par dessus toutes les qualités humaines, qu'elle possédait à un degré véritablement remarquable, dominait chez elle un grand esprit de foi, un sens profondément chrétien qui faisait converger vers un but surnaturel tous les efforts de son intelligence et toutes les aspirations de son cœur. N'est-ce pas là qu'on pourra trouver l'explication du développement inattendu et des succès étonnants de cette Communauté dont les débuts furent si modestes ? « Cherchez avant tout le Royaume de Dieu, a dit Notre Seigneur, et le reste vous sera donné par surcroît. »

Dans l'espace d'un demi-siècle et au sein d'une société agitée comme la nôtre, il se présente une foule de circonstances propres à mettre en relief les talents d'un administrateur. Il faut de la hardiesse et de la prudence, du calme et de l'activité, de la patience et de l'initiative, de l'énergie et de la douceur ; il faut un heureux mélange de qualités qui semblent s'exclure mutuellement. Aucune pourtant n'a fait défaut à la Mère Saint-André.

Douée d'une aptitude réelle au maniement des affaires, elle ne se déterminait qu'après avoir demandé conseil, mûrement réfléchi et beaucoup prié. Mais une fois sa décision prise, elle agissait avec une ardeur, elle persévérait avec une constance dont les obstacles semblaient augmenter l'énergie. Du reste, même au milieu des plus graves préoccupations, elle conserva toujours l'amour et le respect de la régularité : en même-temps que le précepte, elle donna l'exemple du devoir. L'observation de la règle est un point capital dans la vie religieuse : personne ne s'y soumettait avec une plus rigoureuse ponctualité. Le désintéressement, le renoncement à soi-même, elle le pratiquait si bien qu'elle se considérait comme n'existant pas quand elle voyait en jeu les intérêts de la Société ou le bien spirituel de la plus humble de ses Sœurs. Son incontestable talent d'initiative se soumettait toujours, avec une obéissance parfaite, aux volontés et aux désirs de l'autorité ecclésiastique.

Que dire de cette bonté, de cette douceur inaltérable qui s'alliait chez elle à la fermeté si nécessaire dans sa position ? Depuis longtemps, mais surtout depuis quelques années, les difficultés administratives se sont multipliées et se multiplient chaque jour. Des complications nouvelles viennent s'ajouter aux complications antérieures, et il semble que la tête est beaucoup plus nécessaire que le cœur à quiconque est chargé de la direction des affaires et du gouvernement d'une société. Mais le changement survenu dans la situation des communautés religieuses n'a fait que mettre davantage en évidence les talents de la Mère Saint-André. Rien n'a pu détruire l'équilibre harmonieux de ses facultés. Chez elle la fermeté de la tête n'a jamais rien enlevé à la bonté du cœur; l'énergie du caractère n'a jamais diminué le charme de ses relations, et la vérité, si sévère qu'elle fût, prenait en passant par sa bouche une forme qui la faisait accepter sans murmure.

Si l'on avait pu lui reprocher quelque chose, c'eût été l'excès de son zèle et de son dévouement. Malgré la vieillesse, malgré les infirmités et les fatigues, elle n'a jamais hésité à entreprendre, même dans les saisons les plus rigoureuses et les circonstances les plus défavorables, un voyage qu'elle jugeait nécessaire ou seulement utile à sa Communauté.

Sa dernière visite a été pour l'établissement des Sourds-Muets, à Saint-Brieuc. Si ce déplacement fut pour elle une cause de fatigue, il fut aussi une source de consolations. De retour au milieu de sa famille spirituelle, elle put annoncer à ses filles que leur Evêque, ou plutôt leur Père, venait de donner à la Congrégation une nouvelle marque de son estime en lui confiant un nouveau poste dans sa ville épiscopale.

Quelques jours après ce voyage, la Révérende Mère se sentit sérieusement atteinte. Un mal qu'elle ignorait et qui inspirait, depuis plusieurs années, de justes inquiétudes à celles de ses filles qui en étaient instruites, prit tout-à-coup un caractère des plus alarmants. Bientôt il fut facile de constater que la science humaine serait impuissante à conjurer un dénouement funeste. Plusieurs fois des crises violentes firent croire que le moment cruel de la séparation était imminent ; puis la vie semblait revenir peu à peu. Trois semaines se sont écoulées dans ces alternatives de craintes et d'incertitudes.

Au milieu des angoisses qui serraient le cœur de ses filles et se traduisaient par des prières et par des larmes, la vénérable malade conservait un calme parfait et un sang-froid admirable. Dès qu'elle comprit la gravité de son état, et elle la comprit dès le premier instant, elle prépara son âme et demanda les secours et les consolations suprêmes de la religion. Celles qui furent les témoins de sa ferveur, lorsque pour la dernière fois elle reçut son Dieu, peuvent dire les impressions qu'elles ont rapportées de ce spectacle à la fois triste et consolant. Depuis lors, à mesure que l'âme se détachait des liens corporels, les pensées de la mourante quittaient la terre pour se diriger vers les choses célestes. Elle souriait à la mort avec cette douce tranquillité d'esprit qui ne l'abandonna jamais dans le cours de sa longue existence. Qu'avait-elle à craindre en se présentant au tribunal du Souverain Juge ? Ses œuvres étaient là qui plaidaient sa cause en faisant son éloge : *Laudent eam... opera ejus.*

Les prières que l'on n'a cessé d'adresser à Dieu pour elle, pendant quatre semaines, ont sans doute diminué ses souffrances et adouci ses derniers moments. En retour, elle a laissé à ses filles, avec l'exemple de ses vertus religieuses, cette parole souvent répétée dans le cours de sa dernière maladie : « *En tout il faut accepter la volonté de Dieu.* » Filles de Sainte-Marie, conservez soigneusement dans vos âmes cette parole de votre Mère mourante : là vous trouverez le secret de son admirable résignation ; c'est le plus précieux héritage qu'elle pût vous laisser, en vous chargeant de le transmettre aux générations qui viendront après vous.

Enfin, le lundi 26 juillet, jour où l'église célébrait la fête de son auguste patronne, jour où la chère malade entrait dans la soixante-dix-septième année de son âge, sainte Anne, envers laquelle elle eut toujours une tendre dévotion, est venue elle-même chercher sa belle âme, pour terminer dans les joies du Ciel la fête commencée dans les épreuves de la terre.

Les obsèques de la Révérende Mère Saint-André ont eu lieu le jeudi, 29 juillet, à 10 heures, dans la chapelle de la Communauté de Broons. En l'absence de Monseigneur, la cérémonie funèbre a été présidée par M. Dubourg, vicaire général, délégué par Sa Grandeur.

Cette cérémonie a revêtu le caractère qui convenait le mieux à la mémoire de la vénérée défunte : elle a été pieuse et simple en même temps qu'imposante. Deux cents religieuses environ unissaient leurs prières pour le repos de l'âme qui venait de paraître devant Dieu. Plusieurs Congrégations étrangères étaient venues partager le deuil des Filles de Sainte-Marie. Les Sœurs de Charité de Saint-Vincent de Paul, les Filles du Saint-Esprit et les Religieuses de la Providence de Saint-Brieuc avaient voulu donner à la Mère Saint-André ce témoignage de regret, à la Communauté de Broons cette marque de sympathie. Plus de soixante prêtres remplissaient le sanctuaire et la nef de l'humble chapelle. La foule des assistants, trop nombreuse pour y trouver place, occupait les appartements voisins ou se tenait massée dans la cour d'entrée.

Après avoir chanté la messe et avant de réciter les prières de l'absoute, M. Dubourg, vicaire général, a retracé, en termes émus et pathétiques, les grands traits de cette noble et sainte existence qui fut consacrée tout entière aux œuvres de dévouement et de charité. Avec l'éloquence du cœur, il a dit les regrets que Sa Grandeur éprouvait de ne pouvoir assister Elle-même à ces funérailles grandioses et touchantes. Du haut du Ciel, où ses vertus lui assurent une place auprès du vénérable M. Fleury et de la Révérende Mère Saint-Louis, fondateur et fondatrice de la Congrégation, la Mère Saint-André continuera de veiller sur ses chères Filles, et son souvenir restera toujours parmi elles comme un encouragement et un exemple.

C'est au milieu d'une émotion profonde et générale que les prières liturgiques se sont achevées, et que la dépouille mortelle de la regrettée Supérieure a été déposée, à côté de ses Sœurs et de ses Filles défuntes, dans la tombe où elle doit dormir en attendant le jour de la glorieuse résurrection.

Que l'âme de la Révérende Mère Saint-André repose en paix dans le sein de Dieu, seul capable de récompenser dignement ses vertus et ses mérites !

⁂

Tel est le simple récit de cette vie si pure couronnée par une mort si belle. Il nous reste à recueillir les enseignements qui s'en dégagent.

Ces enseignements s'adressent tout d'abord aux pères et aux mères de famille, en leur montrant l'influence d'une éducation vraiment chrétienne sur l'avenir de leurs enfants. Rien n'est plus propre à développer dans ces jeunes cœurs l'amour du devoir et de la vertu que l'exemple de ceux à qui Dieu les a confiés pour les rendre dignes de son amour infini. Honneur aux parents dont toute l'ambition consiste à préparer des saints au Ciel, et qui savent sacrifier leurs espérances terrestres quand il s'agit du bien des âmes !

Dans ces humbles pages vous pourrez aussi trouver un encouragement et une leçon, jeunes filles qui entendez retentir au fond de vos cœurs la voix de Dieu vous appelant à la vie religieuse. Ouvrez vos âmes aux divines inspirations de la grâce. Il est si doux de rendre à Dieu le cœur qu'il nous a donné ! Il est si beau de répandre sur le monde l'ardente charité qu'il a mise au fond de nos âmes ! Peut-être rencontrerez-vous des difficultés et des obstacles qui vous paraîtront insurmontables : vous apprendrez, à l'école de la Mère Saint-André, que la patience et la prière finissent par vaincre toutes les difficultés, par surmonter tous les obstacles.

Vous à qui est confiée la difficile mission de diriger une communauté religieuse, demandez à Dieu cette rectitude de jugement, cette fermeté de caractère, cette exquise bonté de cœur, et, par dessus tout, cet admirable esprit de foi que l'on voyait paraître dans toutes les paroles, dans toutes les actions de celle qui fut pendant un demi siècle l'âme de sa Congrégation.

Filles de Sainte-Marie, le coup cruel qui vient de vous frapper ne doit pas abattre votre courage. Arrosez de vos larmes la tombe de votre Mère ; faites monter au Ciel, pour le repos de son âme, les supplications les plus ferventes. Votre douleur est trop justifiée et votre piété trop sincère pour qu'on cherche à en arrêter la légitime manifestation. Mais ce que votre Mère vous demande, c'est de rester fidèles à ses leçons et à ses exemples, c'est de marcher avec constance dans la voie qu'elle vous a tracée, c'est de vous pénétrer sans cesse de cette parole tombée de ses lèvres mourantes, et qui résume la perfection chrétienne :

EN TOUT IL FAUT ACCEPTER LA VOLONTÉ DE DIEU.

886. — Saint-Brieuc. Imp. L. Prud'homme.

www.ingramcontent.com/pod-product-compliance
Ingram Content Group UK Ltd.
Pitfield, Milton Keynes, MK11 3LW, UK
UKHW020217180726
13838UKWH00005B/2040

9 782329 476087